太平天国运动

◎ 主编 金开诚

◎ 编著 陈长文

吉林出版集团

吉林文史出版社

图书在版编目（CIP）数据

太平天国运动 / 金开诚著. –– 长春 ：吉林文史出版社，2011.10（2023.4重印）

（中国文化知识读本）

ISBN 978-7-5472-0893-9

Ⅰ. ①太… Ⅱ. ①金… Ⅲ. ①太平天国革命 Ⅳ.

①K254

中国版本图书馆CIP数据核字(2011)第209645号

太平天国运动

TAIPINGTIANGUO YUNDONG

主编/ 金开诚 编著/陈长文

项目负责/崔博华 责任编辑/崔博华 梁丹丹

责任校对/梁丹丹 装帧设计/李岩冰 董晓丽

出版发行/吉林出版集团有限责任公司 吉林文史出版社

地址/长春市福祉大路5788号 邮编/130000

印刷/天津市天玺印务有限公司

版次/2011年10月第1版 印次/2023年4月第3次印刷

开本/660mm×915mm 1/16

印张/9 字数/30千

书号/ISBN 978-7-5472-0893-9

定价/34.80元

前 言

　　文化是一种社会现象,是人类物质文明和精神文明有机融合的产物;同时又是一种历史现象,是社会的历史沉积。当今世界,随着经济全球化进程的加快,人们也越来越重视本民族的文化。我们只有加强对本民族文化的继承和创新,才能更好地弘扬民族精神,增强民族凝聚力。历史经验告诉我们,任何一个民族要想屹立于世界民族之林,必须具有自尊、自信、自强的民族意识。文化是维系一个民族生存和发展的强大动力。一个民族的存在依赖文化,文化的解体就是一个民族的消亡。

　　随着我国综合国力的日益强大,广大民众对重塑民族自尊心和自豪感的愿望日益迫切。作为民族大家庭中的一员,将源远流长、博大精深的中国文化继承并传播给广大群众,特别是青年一代,是我们出版人义不容辞的责任。

　　本套丛书是由吉林文史出版社组织国内知名专家学者编写的一套旨在传播中华五千年优秀传统文化,提高全民文化修养的大型知识读本。该书在深入挖掘和整理中华优秀传统文化成果的同时,结合社会发展,注入了时代精神。书中优美生动的文字、简明通俗的语言、图文并茂的形式,把中国文化中的物态文化、制度文化、行为文化、精神文化等知识要点全面展示给读者。点点滴滴的文化知识仿佛颗颗繁星,组成了灿烂辉煌的中国文化的天穹。

　　希望本书能为弘扬中华五千年优秀传统文化、增强各民族团结、构建社会主义和谐社会尽一份绵薄之力,也坚信我们的中华民族一定能够早日实现伟大复兴!

目录

一、太平天国的兴起

（一）拜上帝会的创立与发展

1.太平天国运动的前夜

鸦片战争后，摇摇欲坠的清王朝，在外忧内患中风雨飘摇、举步维艰。随着一系列的不平等条约的签订，许多主权纷纷丢失，形成了清王朝门庭洞开的局面。英、法、美等资本主义国家加剧对中国的侵略并设立通商口岸，外国的商品滚滚而来，资本主义入侵一步步加深，中国的

小农经济备受其害，濒临破产的边缘，而处于中国门户的东南沿海，情况则更加恶劣，民众处于水深火热之中。

屋漏偏逢连夜雨，此时的清王朝，为了筹集战费和战争赔款，加紧搜刮人民，大肆横征暴敛，苛捐杂税名目繁多，民众苦不堪言。鸦片战争后不到十年的光景，劳动人民实际负担比过去增加了好几倍。广东、广西更是受鸦片战争直接冲击，加之连年天灾，饥民四处飘流。天灾人祸使得人民陷入饥饿死亡的困境，他们走投无路，纷纷举起义旗，遥相呼应，进行了此起彼伏的反抗斗争。

1840年后的十年间，中国发生了上百次的农民起义。当时，捻党活动在河南、安徽、山东一带，白莲教、天理教主要散布北方各省，天地会势力遍布长江和珠江流域。在两广地区，义军更是蜂拥而起，义旗林立各地。张嘉祥在横山起义，活动于粤、桂边境的钦州、灵山、贵县、

横山等地，队伍发展到一万多人。陈亚贵
联合广东钦州、广西宾州的农民武装几
千人在武宣起义，转战各地，一直战斗到
太平天国起义。一直以"反清复明"为旗
帜的天地会也揭竿而起，转战湘、桂边
界。此起彼伏的发难不断地骚扰着清廷
与地方官府的统治，山雨欲来风满楼，太
平天国运动就在这风起云涌的起义中酝
酿并行将到来。

2.洪秀全创立拜上帝会

洪秀全（1814—1864年），原名火秀，又名仁坤，广东花县官禄布村人，出身于农民家庭。他7岁入塾读书，非常聪明，仅用六年的时间就能熟读"四书五经"。16岁的时候，因家贫失学，帮助父兄耕田，18岁受聘为本村塾师，从此一面教书，一面继续读书。他先后四次赴广州参加科举考试，都没有考取秀才。

但几次到广州，洪秀全耳闻目睹了英

国的侵略暴行，清政府的卖国和人民的
斗争使他的心灵受到震撼，渐生忧国忧
民的胸襟。1836年，他到广州应考时，在
街头得到一本基督教士梁发讲道和散发
的传教小册子《劝世良言》，开始接触基
督教。1843年，洪秀全最后一次科考失败
后，做官的理想完全破灭了，但他志气犹
存，曾作诗述志："龙潜海角恐惊天，暂且
偷闲跃在渊。等待风云齐聚会，飞腾六合
定乾坤。"回到家乡后，洪秀全仔细钻研
《劝世良言》，开始相信基督教的教义，
于当年6月创立了拜上帝会。拜上帝会宣
传上帝为"天下凡间大共之父"，人人是
"天生天养"；"天下多男人，尽是兄弟之
辈，天下多女子，尽是姊妹之群"，人人
都平等。凡拜上帝之后，"日日有衣有食，
无灾无难"，"不拜上帝者，蛇虎伤人，敬
上帝者不得拜别神，拜别神者有罪"。而
洪秀全自称是上帝的次子，耶稣的弟弟，
是上帝特派来拯救中国的救主。

　　1844年，洪秀全和好友冯云山以极大的热忱离开本乡去外县宣传教义，在广西浔州府贵县赐谷村发展信徒。同时，洪秀全着手创制宣传教义的文书，先后写成《百正歌》《原道救世歌》《原道醒世训》《原道觉世训》等著作，他糅合基督教义和儒家的思想，谴责当时社会的腐败、堕落，劝导世人信拜上帝、学正人、捐妄念，惩富济贫，重现古代"天下为公"的社会理想。

《原道救世歌》于1845年写成，1852年刊布，后编入《太平诏书》。这部著作采取通俗易懂的诗歌体，宣传天父是中外古今共同真神，主宰万事万物，人间的一丝一缕、一饮一食都是上帝的赐予，因此，所有人应该只信上帝，不拜邪神，指出"开辟真神唯上帝，无分贵贱拜宜虔。天父上帝人人共，天下一家自古传。盘古以下至三代，君民一体敬皇天"，"天人一气理无二，何得君王私自专"，劝告人们要切戒"六不正"，即"淫""忤父母""行杀害""为盗贼""为巫觋""赌博"等恶劣行为，以树立新的社会风尚；提倡平等，宣称"普天之下皆兄弟"，"上帝视之皆赤子"，用以激发农民群众反对封建等级制度的情绪。

《原道醒世训》于1845年写成，1852年刊布，后编入《太平诏书》。作者揭露了当时中国的黑暗现实，谴责"世道乖漓，人心浇薄，所爱所憎，一出于私"，批

评相凌、相夺、相斗、相杀的世道人心和国家、地区、族群之间争夺的现象；根据"皇上帝天下凡间大共之父"，提出"天下凡间，分言之则有万国，统言之则实一家"；宣传"天下多男人，尽是兄弟之辈，天下多女子，尽是姊妹之群。何得存此疆彼界之私，何可起尔吞我并之念？"憧憬唐虞三代"天下为公"的大道，号召群众起来反对"陵夺斗杀"的旧世界，变"乖漓浇薄之世"为"强不犯弱、众不暴寡、智不诈愚、勇不苦怯之世"，为实现"天下有无相恤，患难相救，门不闭户，道不拾遗，男女别途，举选尚德"的"天下一家，共享太平"的大同社会而斗争，而实现的途径就是皈依天父上帝，"循行上帝之真道……力遵天戒，相与正己正人，相与作中流之砥柱，相与挽已倒之狂澜"。这篇文章反映了广大农民迫切要求摆脱封建压迫和剥削的强烈愿望。

《原道觉世训》于1847年完成，1852

年刊布，后编入《太平诏书》。在这篇文章里，强调上帝创造世界、主宰世界，人人当拜上帝。同时，把社会划分为两种根本对立的势力。革命势力的代表是"皇上帝"，反动势力的代表是"阎罗妖"。作者指出封建帝王就是"阎罗妖"，谴责佛老之徒"造出无数怪诞邪说，迷惑害累世人"，说明崇拜偶像，正是惹鬼，指出所有牛鬼蛇神，皆"阎罗妖之妖徒鬼卒"，"自秦汉至今一二千年，几多凡人灵魂被这阎罗妖缠捉魔害"，号召群众站在"皇上帝"一边，去反对"阎罗妖"，"天下凡间我们兄弟姊妹所当共击灭之唯恐不速者也"。这实质上就是发出战斗号召，反映了与清朝统治对抗的政治决心。

1847年7月，洪秀全和冯云山在广西紫荆山设立拜上帝会总机关，他利用基督教某些教条和仪式，根据起义的需要，结合中国的风俗习惯，制定了上帝教的十款天条和宗教仪式，叫做天条书，用

来组织群众的纪律。十款天条即：崇拜皇上帝，不好（广东方言，不可）拜邪神，不好妄题皇上之名，七日礼拜颂赞皇上镇恩德，孝顺父母，不好杀人害人，不好奸邪淫乱，不好偷窃劫抢，不好讲谎话，不好起贪心。接着，洪秀全基于"独一真神上帝""不得拜一切偶像"的宗教信仰，同冯云山和洪仁玕撤去本村塾中的孔子牌位。拜上帝会到处捣毁庙宇菩萨，教人只听上帝命令，"不从清朝法律"，很巧妙地披着宗教外衣，以宗教信仰掀起宗教斗争，又从宗教斗争转化为政治斗争。拜上帝会以桂平紫荆山区为中心，西到贵县，东到平南、藤县，北到武宣、象州，南到博白、陆川以至广东信宜，在这几个州县星罗棋布的农村里面，迅速发展。他们"一人传十，以十传百，百传千，千传万，数县之人……每村或百家，或数十家之中，或有三五家肯从，或十家八家肯从……从者俱是农夫之家，寒苦之家，积

多结成聚众"。

随着形势的发展，洪秀全领导拜上帝会群众加紧起义的准备。他们制定圣库制度，规定人人不得私有财产，全部财物归入公库，按需要分配，以保证起义成员生活和战争的需要。韦昌辉、胡以晃、石达开、周胜坤、余廷樟等献出全部家资充起义经费。杨秀清、韦昌辉、萧朝贵等分别在紫荆山区金田、花洲、奇石、陆菌等处秘密制造武器，石达开也在白沙圩地带开炉制造枪炮，准备时机成熟的时候，动员各地教徒到紫荆山区集中。由于影响不断扩大，拜上帝会与当地地主团练、清军屡次发生冲突，斗争日剧。其间，洪秀全、冯云山、杨秀清、萧朝贵、韦昌辉、石达开形成领导核心。1850年7月，洪秀全发令号召各地会众到金田村"团营"（集结队伍加以编排训练），团营指挥部设在金田村，由杨秀清、韦昌辉、石达开主持。

此后的四五个月内，平南、象州、陆川、博白等地数以千计的会众，扶老携幼举家奔赴金田。到了11月，团营人数已达一万多人，其中主要有：紫荆山区的基本群众三千人，由秦日纲率领的贵县龙山银矿矿工等千余人，由石达开率领的贵县客家农民三千人，由黄文金率领的博白等地会众两千人，由蒙得恩率领的平南会众、赖九率领的陆川会众等几千人。金田"团营"期间，拟定了军事编制，实行男女别营，军队的旗帜、衣帽、腰牌有一定的规

格，军队的纪律简明而严格；同时赶制武器，筹集军费和物资，为武装起义在军事上作了周密的筹划。

（二）金田起义

1851年1月11日，洪秀全38岁寿诞这天，他率各地集结而来的会众在金田正式誓师起义，建号"太平天国"，起义军称为太平军，向清王朝宣战，震撼中外的太平天国革命拉开序幕。

1月13日，建号太平天国的第三天，全军废止清朝的剃发制度，全体将士蓄发易服，头裹红巾，离开金田，沿大湟江东下，攻占距金田二十余里的商业重镇江口圩（即大湟江口）。江口圩交通方便，物产丰富，活动余地大，便于转移。太平军一面发动群众，对地主富户开展清算斗争，补充军需；一面依江择险，布置防务。太平军又与天地会武装取得联系，罗大纲、苏三娘等部两千多人愿意遵守太平军纪律，认同拜上帝教教义，集体加入了太平军。

太平军在江口圩经过一个多月的休整，使清政府赢得了调兵遣将的时间。钦差大臣李星沅从桂林急忙赶到柳州，提督向荣也带兵赶到桂平，共集结桂、黔、滇、楚、粤、闽清军万余人，堵截住太平军的东路。然而，由于太平军准备充分，战术运用合理，仅用两千兵力战胜一万多清军，向荣惊呼"官兵大半心寒"。

3月10日，太平军乘敌人混乱之机主动撤出江口，经新圩、金田直入紫荆山，兵分三路西进武宣。在迫近武宣时，新任的广西巡抚周天爵恰恰赶到这里，接着向荣的军队也绕道赶至武宣。此后两个月，双方相持于武宣城郊。清军内部发生矛盾，周天爵、向荣意见不一，清兵又贪生怕死，钦差大臣李星沅连急带气，病死于军营。清廷又派首席军机大臣赛尚阿为新的钦差大臣，再调广东清军前来增援。

3月23日，洪秀全在武宣县东乡正式登基称天王，立幼王，建军师，设百官，号召四方。需要说明的是，按拜上帝教的礼制，天上地下只有天父皇上帝可称"帝"号，凡间统治者的最高尊号只能加到王，洪秀全也只称天王而非天帝。同时，确立了五军主将制度：杨秀清为左辅正军师，领中军主将；萧朝贵为右弼又正军师，领前军主将；冯云山为前导副军师，领后军

主将；韦昌辉为后护又副军师，领右军主将；石达开为左军主将。五军主将分别统领一军。

太平军编制以军为单位，其兵制是仿照《周礼》"五人为伍，五伍为两，四两为卒，五卒为旅，五旅为师，五师为军"的制度。它的编制，每军设军帅一员，军分前、后、左、右、中五营，每营设师帅一员。每师又分前、后、左、右、中五营，五旅帅分统。旅帅下分一、二、三、四、五五个卒长统带。每卒长下分东、西、南、北四个两司马统带。每两司马下分刚强、勇敢、雄猛、果毅、威武五个伍长统带。每伍长下分冲锋、破敌、制胜、奏捷四伍卒。计军帅统率师帅5员，旅帅25员，卒长125员，两司马500员。每军官员、伍长、伍卒共13155人。军帅之上设有监军、总制。出征的时候，再派大员统率数军出战。

起义之初，洪秀全还颁布了五条军纪，要求太平军严格遵守：1.遵条命。2.别

男行女行。3.秋毫莫犯。4.公心和睦，各
遵头目约束。5.同心合力，不得临阵退
缩。这五条军纪虽然简明，但对增进太
平军的团结和加强战斗力起了非常重要
的作用，并因此取得广大人民的拥护。
此后，在该军纪基础上不断完善，制定了
《太平条规》，又称《太平营规》，其中包
括"定营规条十要"和"行营规矩十条"
两部分。内容规定定营时官兵要恪守天
令，熟习天条，分别男营女营，熟习鼓角
号令，不得徇私包庇，不许越营误公，不
许隐藏兵器，不许讹传将令。行营时必须
装备整齐，听令杀敌，不得率乱行列，不
许入乡取食，毁坏民房，掳掠财物等，显
示了起义军的严明纪律。

太平军在武宣虽打了几次胜仗，但
经过数月的战斗，粮饷、食盐、火药都日
益缺乏。5月，太平军突破清军防线，离开
东乡北击象州。6月，在象州打败清军向
荣、乌兰泰（副都统）的追兵，杀敌三百

多人。7月，太平军与清军在紫荆山西之双髻山作战失利，被迫突围。洪秀全于茶地下诏，要求全国团结一致，克服困难，杨秀清负责全军的军事指挥，经过一系列整顿，太平军战斗力大为加强。9月，太平军分三路自新墟出发，经五峒山东至平南县之思旺、官村一带，清军副都统乌兰泰部纵火焚掠新墟，提督向荣率部尾追，也到达官村，扎营数十座。太平军在冯云山、萧朝贵等率领下，乘敌立足未稳，突袭劫营，大获全胜，阵斩千总杨成贵，缴获大批军火、器械、粮草、服装等军用物资。乌兰泰见势不妙，止兵不前。向荣部全军崩溃，只得收拾残兵，退入平南县城，托病月余不出，自言是其从军数十年来从未有过之大败，并因此丢了提督顶戴。这是太平军自金田起义以来取得的最大的一次胜利。官村之战后，太平军乘胜北上大旺墟，沿大同江水旱两路直指永安州。

（三）永安建制

经过九个月的战斗，1851年9月，太平军攻占永安（今广西蒙山县）。此后三个月内，永安周围无大的战事。太平军抓住这个有利时机，整顿队伍，补充给养、火药。在永安，洪秀全颁布军律、历法，制定官制，分封诸王，太平天国初步建立了政权，史称"永安建制"。

在永安，太平天国正式封王并建立官制，形成了王、丞相、检点、指挥、将

军、总制、监军、军帅、师帅、旅帅、卒长、两司马十二等官阶制度（定都天京后，复增侯爵，位居王之后）。洪秀全于12月17日发布封王诏令，封杨秀清为东王、萧朝贵为西王，列一等；冯云山为南王、韦昌辉为北王，列二等；石达开为翼王，列三等。诸王的等级，由"千岁"来体现：洪秀全万岁，杨秀清九千岁，萧朝贵八千岁，冯云山七千岁，韦昌辉六千岁，石达开五千岁。东王杨秀清节制诸王，他主持军政，使得太平天国运动发展迅猛，李秀成曾钦佩地追忆"东王佐政事，事事严整"，"立法安民"，"严严整整，民心佩服"。杨秀清权力极大，是太平天国事实上的领袖，洪秀全则临朝而不理政。太平天国军政领袖杨秀清、宗教偶像洪秀全，形成了一个二元政体，国有二主，这为"天京变乱"埋下祸根。此外，又封秦日纲为天官丞相（后封燕王）、胡以晃为春官丞相（后封豫王）、罗大纲为总制，还任命了一批检点、指挥、将军等各级官员，基本上确立了太平天国的官制。

冯云山（约1815—1852年），又名乙龙，广东花县人，是洪秀全的同学。1843年，冯云山与洪秀全一起创立拜上帝会。次年与洪秀全到广西贵县发展会众。同年9月只身入桂平紫荆山区，靠拾牛粪、打短工维持生活，历尽艰辛，发展会众两千多人，开拓了紫荆山革命根据地，并培养了杨秀清、萧朝贵等骨干。1847年秋，

洪秀全来紫荆山后，冯云山协助洪秀全设立拜上帝会总机关，参与制定"十款天条"和各种仪式，并同洪秀全领导会众展开捣庙宇、砸偶像的斗争。1848年春，因遭劣绅控告，冯云山在桂平被捕入狱，在狱中坚贞不屈。冯云山在狱中创制了《天历》，后经会众营救出狱。金田起义时，冯云山任前导副军师，领后军主将，12月在永安被封为南王。太平天国的重要条规《太平军目》《太平礼制》等，均出自冯云山之手。1852年6月，太平军进攻全州，冯云山中炮负伤，至蓑衣渡牺牲。

杨秀清（1823—1856年），原名嗣龙，广西桂平县平隘山人，世代以烧炭种山为业，生活贫苦。1846年，他在紫荆山加入拜上帝会。冯云山被捕入狱后，洪秀全外出未归，紫荆山拜上帝会会众发生动摇，杨秀清假托代天父传言，主持拜上帝会事务，团结群众，巩固了拜上帝会组织，从此他取得了代上帝传言的大权。金

田起义后为左辅正军师，领中军主将。在
永安，他被封为东王，称九千岁，主持朝
政，节制诸王。1852年6月攻下湖南道州，
用他和萧朝贵的名义发布檄文，号召人
民起来推翻清朝统治。定都天京以后，他
和洪秀全领导北伐、西征、东征。他战功
显赫，位高权重，但是居功揽权，妄自尊
大。为了树立个人威严，他杖责过燕王秦
日纲、兴国侯陈承瑢、卫国侯黄玉昆（石
达开的岳父），甚至借细故小事杖责洪秀
全。1856年8月，他假托"天父下凡"，逼洪
秀全封他为万岁。9月2日，韦昌辉利用洪
秀全与杨秀清的矛盾，突袭东王府，诛杀
杨秀清全家。1859年11月，洪秀全追念杨
秀清前功，决定9月2日为太平天国"东王
升天节"。

　　萧朝贵（1820—1852年），广西武宣
县人，出身于贫苦农民家庭。他在紫荆
山加入拜上帝会。1848年，冯云山入狱之
时，他假托天兄耶稣下凡，安定人心，被

洪秀全承认有代言权,地位仅次于杨秀清。金田起义前夕,萧朝贵回武宣家乡招集会众,并动员同族兄弟参加起义。他断然自毁庐舍,表示破釜沉舟、义无反顾的反清革命决心。金田起义时任右弼正军师,领前军主将,接着在永安被封为西王,称八千岁。1852年,他指挥部队攻打长沙,不幸中炮牺牲,时年仅三十几岁。萧朝贵忠实坦率,勇敢刚强,在临难时还对太平军将士说:"攻取长沙,有进无退。我今天马革裹尸,上登天堂,也是如愿的。"

韦昌辉（1823—1856年），又名韦正，壮族，广西桂平县金田村人。1848年带领全家和同族人参加了拜上帝会。不久成为中坚，与洪秀全、冯云山、杨秀清结为兄弟，称天父第五子。金田起义后任后护又副军师，领右军主将，在永安被封为北王，称六千岁。在太平天国初期活动中，他的功劳也不小。定都天京后，他对杨秀清素怀不满，但表面装作顺从。每逢杨秀清轿子来到，就奔前扶轿迎接。论事不到几句话，就跪称"非四兄教导，小弟肚肠嫩（意思是才识短浅），几不知此"。杨秀清借"天父"传言要杖责洪秀全的时候，他要求代天王受杖。其兄同杨秀清姜兄争房屋，杨秀清要他处置，他用五马分尸酷刑治其兄之罪。1856年9月，督师江西时，他利用洪秀全和杨秀清的矛盾，率兵三千星夜回天京诛杀杨秀清及其家眷，并有意扩大事态，杀戮杨部属两万余人，史称天京事变。后他欲加害石达开，又妄

图杀害洪秀全。石达开逃离天京，起兵安徽，要求洪秀全杀韦昌辉"以谢天下"。韦昌辉兵败，逃至浦口被擒获，解回天京，洪秀全下诏处死韦昌辉，削其封号，贬为"死孽"。

石达开（1831—1863年），广西贵县那邦村北山里客家人，出身于地主家庭，率领两千客家人参加了拜上帝会。金田起义后，被封为左军主将，受封翼王。在太平军由广西向金陵（今南京）进军途中，任开路先锋，屡建战功。1853年，建都天京后，石达开留京协助洪秀全、杨秀清处理军政要务，后被派到安徽治理新占地区，很有成效。1854年，西征军在湖南湘潭为曾国藩的湘军所败，节节后撤，武汉失守，九江危急。次年1月，他被派增援西征，重创湘军笨重大船于长江水域，在湖北、江西战役中取得胜利。1856年奉命回援天京，协同燕王秦日纲等部，摧毁清军江南大营，共解天京之围。天京事变发生后，石达开从湖北赶回天京，责备韦昌辉杀人太多，韦昌辉起杀心。石达开逃往安庆，但在天京的家属被韦昌辉杀害。韦昌辉死后，石达开奉诏回京辅政，合朝拥戴。但洪秀全对他并不信任，而重用自己的两个哥哥洪仁发、洪仁达，对其进行牵制。石达开对此极为不满，以天王"重重生疑忌"布告军民，于1857年5月离开天京。10月，他带领大批将士离开安庆，转战浙、闽，后折入湖南，进图四川，与湘军作战失利，被迫撤入广西，后在川南、黔北转战年余，接连受挫。1863年5月，他进至紫打地（今四川石棉县安顺场南），为大渡河所阻，又遭清军及士兵围困，进退无路，陷于绝境。他写信给四川总督骆秉章，请"宥我将士，赦免杀戮"，冀图"舍

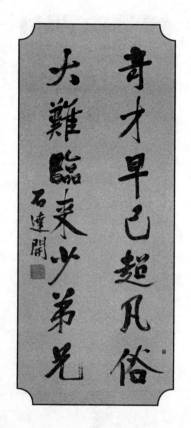

命以全三军"。清将假作答应。6月，石达开携子入清营后，不仅部属惨遭屠杀，自己也在成都遇害。

太平天国分封的诸王不是空头王、荣誉衔。太平天国诸王是如同先秦一般，实实在在裂土分茅，分封建树的王。洪秀全的分封以《周礼》为依据，杨秀清等人拥有自己的封地（因占领土地较少，一直没有兑现），在封地实行自治，以天王为共主，成为天王洪秀全的藩属，拱卫天朝。诸王在王府中成立自己的行政机构，各自拥有独立的宰辅、将佐，并分设六部，成立朝中之朝。洪秀全又允许诸王独立招兵，成立各王的私军，称东殿军、西殿军、翼殿军等。各王侯封爵世袭，其未继位之嫡子王储也称王，加一幼字于前，如幼天王、幼南王等。另外，为了表示太平天国诸王无上的地位，洪秀全规定：太平天国所有文书提及古今中外其他政权的王，统统加一"反犬旁"，写作"狂"。

在建立官制的同时，太平天国颁行天历，废清朝纪年，以金田起义之年（1851年）为太平天国辛开元年，1852年为太平天国壬子二年。规定一年为366日，单月31日、双月30日，立春、清明、芒种、立秋、寒露、大雪六节气为16日，其余十八节气皆15日。对于旧历书中的生、克、吉、凶等封建的清规戒律，一概斥之为"邪说歪例"，"尽行删除"。年、月、日仍用传统的干支记法，但将地支中"丑"改为"好"、"卯"改为"荣"、"亥"改为"开"，其记日的干支比当时阴历早一天，其礼拜日则比公历也早一天。太平天国颁布自己的历法，是对清朝"正朔"的公然否定，是宣布与清朝决裂的有重大政治意义的行动。

另外，因"贵贱宜分上下，制度必判尊卑"，太平天国颁布《太平礼制》，规定了一整套严格的尊卑等级和烦琐的礼仪制度。《太平礼制》规定了各级诸王、将

领、士兵的服饰、称呼、朝仪上的级别。

关于服饰，由于洪秀全极"脱俗"的品味，规定"红黄二色，为天朝贵重之物"，只有官员可"遵官职制造穿着，无官之人，仅准红色包头，其汗袍、蚊帐、足袜尤不准用""以判崇卑"，如有不遵定制，即"斩首不留"。关于仪卫舆马，规定官员都坐轿，天王轿夫六十四人，东王轿夫四十八人，最下至两司马还有轿夫四人。东王仪仗多至数百人，有开路龙灯等器物。如此等等，可谓繁缛琐碎至极。

洪秀全还多次诏令全军不得私藏所获财帛等物，一切战利品都要上交天朝圣库，违令者治罪；不得违反十款天条；命太平天国将士蓄发；刊刻颁行《太平诏书》《天条书》《太平军目》等太平天国官方文书。"永安建制"为太平天国政权奠定了初步规模，使太平天国军队士气大振，政权的凝聚力大大提高。

(四) 顺利进军

1852年4月，清军已集中四万兵力包围永安。洪秀全率军突围，兼程北上。经全州时，南王冯云山不幸中炮牺牲。6月10日，太平军在全州城北的蓑衣渡，中了江忠源所率楚勇伏击，激战两天，损失很大，经蓑衣渡一战，太平军精锐、辎重尽丧，穷蹙已极，不复有攻长沙取湖南之力。太平天国领导层也发生动摇，洪秀全等人几乎起了散伙的念头，幸得杨秀清一力支持局面，鼓舞士气。史载："官兵追剿，屡屡穷蹙。秀全及群贼皆有散志，独秀清坚忍，多施诡计，笼络群丑，败而复炽。"

此战失利后，太平军进入湖南，轻取道州，转战江州、永州，沿途清军抵抗甚微，太平军打击官吏豪绅地主，焚烧官衙，没收浮财，烧毁地契、粮册、债券，深

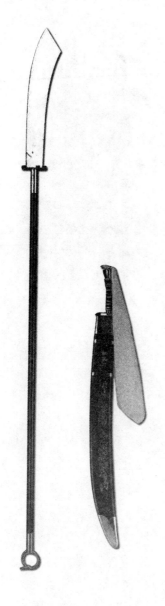

受人民欢迎。湘南三合会起义部队纷纷来投，太平军扩大实力，攻城略地，所向披靡。太平军仅在道州就扩军至三万，经江州、永州扩军，又得兵两万，入郴州，又招得两三万人。其中能征惯战的将士五万有余，尤其招得矿工数千人，另立土营，专事穴地攻城，攻坚能力大为提高。到9月间，太平军已达十万多人。

萧朝贵率一支先锋部队经永兴、安仁、茶陵、醴陵直取长沙。在长沙城下，萧朝贵不幸被炮击中而归天。杨秀清、韦昌辉、石达开接手长沙太平军指挥，而清军也有左宗棠、江忠源、张国梁、向荣等将才坐镇，太平军湘南精锐对决数量相当的清军王牌楚勇、捷勇，两军对垒，可谓空前。长沙围城战后期，成为太平天国战争史上最为惊心动魄的三场大战之一（其余两场为陈玉成安庆血战曾国荃、鲍超，石达开与左宗棠、李续宜宝庆会战）。长沙城居民的乐天和无畏，历史罕见。太平军与清军厮杀数月，长沙百姓竟然同往常一样悠闲地过着小日子，甚至携带酒食上城观战，如同一句贵州民谣："贼杀贼，官杀官，与我百姓无相干。"长沙围城数月，"行人来往自如，入城者唯避南门，其余六门皆可缒以入。街巷间妇女娱游，酒食过从，盛于平时，忘其为围城"。守城清军如同上下班一般，每日点卯之后可以自行下城休息吃饭。然而，太平军围攻长沙八十一天未能攻克，后渡湘水经西岸北进，从此一帆风顺，出洞庭，入长江，下江南，清军再没有阻挡的能力了。

1853年1月，攻克武昌，击毙湖北巡抚常大淳等，军威大震，又有数万人加入太平军，这时太平天国队伍总人数增至五十余万。经短期休整后，1853年2月，太平军开始了顺江而下的胜利大进军，水陆两路，齐头并进，黄旗蔽日，帆幔弥江。陆路由胡以晃、林凤祥、李开芳统领，水路由杨秀清、韦昌辉、石达开、秦日纲、罗大纲、赖汉英统领，洪秀全则乘坐龙舟居船队之中。由于太平军进军神速，清政府重点在河南组织防御，害怕太平军北上，因而在长江中下游还来不及建立强有力的防御体系。太平军所向无敌，迅速攻克黄州、蕲州，进逼武穴。

武穴是江防重镇。两江总督陆建瀛派总兵恩长率四千清军先到此地，准备砍伐树木，在长江中设置障碍，拦截船队。谁知太平军已抢在拦江之前赶到，正在睡梦中的清军被太平军的枪炮声、杀妖声惊醒，乱作一团。太平军攻入敌营，举刀砍杀，清军尸横遍地。恩长见全军覆没，投江自杀。亲率两千官兵溯江西上的陆建瀛，听说恩长全军被歼，又远远望见太平军水师排山倒海一般开来，吓得魂飞魄散，急忙换乘小船飞速逃往南京。在九江驻守的清军闻知武穴惨败和两江总督逃之夭夭的消息，斗志涣散，"文武弃城远避，兵勇闻风先散"。石达开率先头部队轻松占领九江。1853年2月，石达开又率水师驶过彭泽县的小孤山。安徽按察使张熙宇远远望见太平军船队，放了一炮，随即率九百守军落荒而逃。太平军又进逼安庆，安徽巡抚蒋文庆请求乘轿奔逃的钦差陆建瀛共守安庆。陆建瀛垂头丧气地摆摆手，继续奔逃。太平军占据安庆，杀蒋文庆，又获得大批饷银、仓谷、火炮等战利品。

（五）占领南京

太平军接着又连克池州、铜陵、芜湖、和州。清军兵败如山倒，沿江防卫兵勇纷纷不战而逃，而两岸的天地会成员及贫苦群众踊跃参加太平军。3月，太平军兵临南京城下。陆建瀛身为两江总督，总管南京兵防，却只会粉饰欺君，面临危局，束手无策。他自从逃回南京后，即深

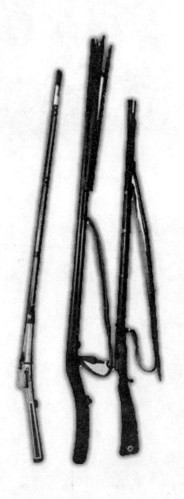

居简出，三天不会客，不办公。在他的影响下，江苏巡抚杨文定托言防守镇江，溜到苏州。不久，太平军攻破南京外城，斩陆建瀛。

南京城虽然被攻克，但城中之城——满城尚在旗人士兵的控制中。南京满城是原明朝皇宫旧城，城垣极其坚固，防御工事完备。因为太平天国以民族革命者自居，推行对旗人的无区别杀戮的政策，城中旗人只得与太平军死战到底，因此满城的战斗，惨烈的状况前所未见。杨秀清连续发动三次强攻，都被打败，阵亡数千人，积尸与城平。旗人士兵虽然抵抗十分凶猛，但抵不住太平军庞大的人力优势。杨秀清让部队轮批上阵，以车轮战术消耗清军，战斗持续数日，旗兵竟有人"力尽气竭而死"，杨秀清又下令投降的旗人可以免死，旗人的士气顿减。太平军乘机猛攻，一举突破城墙，清军主帅祥厚自刎，其余清将均为太平军所杀。洪秀全下令，全城捕杀旗人，"有擒得旗人者，赏银五两"。于是城中的汉人都起来搜捕追杀旗人，旗人两万余人几乎全部被杀，太平天国在付出数万人的惨痛代价后，全面占领南京。之后，肃清残敌，恢复秩序，北王韦昌辉、东王杨秀清先后入城。

二、太平天国的发展

(一) 定都天京

攻克南京后, 建立首都的问题摆在太平天国领导者的面前。本来, 洪秀全欲取河南为都, 杨秀清欲取南京为都, 双方意见相左, 争论不休。后来因太平军在岳阳等地获得大量船队, 组建庞大水师, 取南京似比河南更易, 杨秀清的意见才占了上风。1853年3月底, 迎接天王洪秀全进城, 以两江总督府为天朝宫殿, 改南京为

天京，定为天国都城。从此，在南方出现了一个与北方的清政府遥相对峙的农民革命政权，太平天国正式建立了政权。

在政权形式方面，天王洪秀全为太平天国的最高领袖，儿子洪天贵为幼主，是其法定继承人。洪秀全开始在原两江总督府的基础上大修天王府，以表示自己天上地下独一无二的地位。新建成的天王府方圆十余里，数倍于明故宫。洪秀全爱好壁画艺术，于是天王府内以泥金彩绘壁画，以绸缎裱糊窗户，处处饰以精美的雕刻，十分富丽堂皇："盘龙骞凤，重规叠矩"，"穷极侈丽"。有人讽刺道："千村万落尽焦土，宫中尚挂珠灯红"，"盘龙与赛凤，留戒世人看"。

天王之下设王、侯两级爵位（后来在诸王之下陆续设义、安、福、燕、豫、侯六等）；职官上，王爵之下设军师、丞相、检点、指挥、将军等。洪秀全并不具体处理政事，他"临朝不理政"，杨秀清的东王府成为实际上的总理国务的机关，掌握着实际上的军政大权。东王府设有吏、户、礼、兵、刑、工六部尚书及其属员。在人员编制上比天朝宫殿多一倍以上，总数达三千五百多人。天京的内政外交、军事战略、政策制度，都由杨秀清来决定，由东王府组织实施。在地方上，太平天国分省、郡、县三级。省级政权的行政长官，由中央统属"朝内官"的丞相、检点、指挥等官员担任。郡设总制，县设监军，

称为"守土官"或由太平天国中央直接委派"朝内官"充任，或由当地统军将领随时委派然后呈报中央批准。县以下的基层单位则实行乡官制度。

按照一贯的做法，南京城内强化圣库制度，不仅一切征收和缴获统归圣库，还宣布"商贾资本，皆天父所有，全应解归圣库"，随即把私有的房产、金银、粮食、货物等，一律收归公有。天京军民的生活所需就全由圣库供应，但供给标准，官兵、官民实际上有差别。这种企图用行政命令的方式人为地消灭私有财产，实行平均分配，是违背当时社会规律的，也必然侵害到下层老百姓的利益，挫伤他们的积极性，引起他们的不满和抵触。这种制度，没有也不可能在社会上推广开来。因此，在天京城试行了一段时间，就自行废除了。

太平天国定都天京后，试图废除家庭，在居民中实行军事共产主义。太平军从金田起义后，军中分男营、女营，即便夫妻也不能同居（天王、东王、北王、翼王、燕王五人除外）。进入天京后，杨秀清下令将全城家庭全部解散，居民分为男行、女行，设馆分居，每馆大约二十五人。16—50岁的男子称牌面，全部编入军队当兵。老弱病残的男子称牌尾，做点简单的粗活。女子除选少数机灵美貌的进入诸王府担任女官和侍女外，挑选善于女红的编入锦绣营，从事生产辅助劳动和集体手工业劳动。长期拆散夫妻，导致人们怨声载道，也违背了现实生活需要

和社会经济发展的客观规律。到了1855年初，杨秀清不得不下令恢复家庭，允许夫妻团聚，父母与子女团聚。

太平天国对孔子和儒家经书的正统权威进行了冲击。洪秀全对"四书五经"进行了删改，并印发了大量的太平天国的文书，比如经他删改和解释后的《圣经》，新编的识字教材《御制千字文》，新《千字文》开头几句是这样的："唯皇上帝，独一无二。当初显能，造及天地。万物齐全，生人在世。分光隔暗，昼夜轮递。日有莅照，星辰协治。风偃四方，吹嘘猛厉。悠然作云，雨下空际。洪水退后，悲悯约誓。"太平天国在考试制度上也进行了一些改革，与考的人"不论门第出身"，考试题"不本四书五经"，需出自《旧遗诏圣书》《新遗诏圣书》《天命诏旨书》等。考试的等级和中试者功名也只是作了名称上的改动。

天京的社会生活面貌也发生了一定程度的变化。洪秀全下命令，严厉禁止鸦片，禁止饮酒，禁止赌博，禁止嫖娼……凡吸烟、饮酒、宿娼、开娼的人，一律砍头。此外，在太平天国，妇女地位有所提高。天国政府在民众中提倡一夫一妻制，还禁止缠足，给予妇女在经济、政治、教育、军事等方面的平等地位。这些是保护妇女、革除社会陋习的一项有重要意义的政策。

定都天京后，英法美三国公使先后到太平天国的统治区或天京进行访问，希望太平天国承认与清政府签订的不平等条约，但太平天国不予承认。1854年，杨秀清《答复英国人三十一条并责问五十条诰谕》中提出了对外关系的准则："我主天王，奉天行道，凡事秉至公，视天下为一家，胞与为怀，情同手足。"提倡平等往来，互不侵犯。在通商方面，太平天国宣布"平定时，不唯英国通商，万

国皆通商",但他们严肃指出"通商者务要凛遵天令","害人之物(主要指鸦片)为禁"。

(二)北伐和西征

太平军定都天京后,清政府气急败坏,马上组织军队反扑,试图封锁困死天京。钦差大臣向荣带清军1.4万余人,1853年3月赶到天京城东沙冈、孝陵卫,建立江南大营。4月,另一钦差大臣琦善,带直隶、陕西、黑龙江、吉林等地骑兵、步兵

1.8万人，在扬州城外建立江北大营。这两个大营虽不能对天京有致命的威胁，却也屡屡制造麻烦，成为天国的肘腋之患。为巩固政权，太平天国在天京外围积极作战，同时决定出师北伐、西征。

1.太平军的北伐

1853年5月，洪秀全派天官副丞相林凤祥、地官正丞相李开芳、春官副丞相吉文元等率两万多太平军将士北伐。

林凤祥，广西武鸣人，出身于农民家庭。他在紫荆山参加拜上帝会，历任将军、天官副丞相等官职。他在萧朝贵率领下攻打过长沙，和胡以晃率陆军沿长江两岸东进，攻打南京。攻克南京以后，他受命攻克镇江、扬州等地。1853年5月，他和李开芳率领两万多人出师北伐。他们从扬州出发，攻入安徽，吉文元等赶来亳州会师，向河南挺进。6月，归德村（今商丘）一仗，毙伤清军三千多人。7月，他们率军由汜水口渡过黄河。8月，他们进

入山西，复东折回河南，进入直隶。9月，北伐军前锋迫近保定，震惊北京。10月，他们攻克沧州，沿运河北上，月底进逼天津。由于清军放运河水阻挡，林凤祥孤军无援，11月率军南撤。1855年3月，林凤祥在连镇率军突围，受伤被俘，槛送北京，被寸磔（凌迟）处死。临刑的时候，"刀所及处，眼光犹直视之，终未尝出一声"。

李开芳，广西武鸣人。金田起义后，他历任监军、地官正丞相等官职。进军武汉和南京时，他和林凤祥等任先锋。他和林凤祥等奉命北伐，由于正面进军困难，他从深州（今河北深县）东攻克静海。为了迎接天京派来的援军，他率军攻占山东高唐。北伐援军在临清败退，他就从高唐移至茌平县冯官屯。僧格林沁率骑兵一万多人包围冯官屯，并引运河水灌太平军。李开芳多次突围未成功。他打算利用诈降的办法来摆脱困境，但被僧格林沁识破，李开芳在冯官屯被俘后，"仰面四顾，毫无惧色……笑语如常，旁若无人"。1855年5月，李开芳与部将八人被害于北京。

太平军经浦口向滁州方向挺进，击溃察哈尔都统西凌阿两千骑兵。由秋官正丞相朱锡锟统率的另一支北伐军则由浦口取道六合北上，在六合龙池击败清军四千骑兵，后西走滁州，与林凤祥、李开芳部队会师。从此，北伐军进军迅速，连续攻克怀远、蒙城、亳州等县，进入河南，直逼归德（今商丘）城下。太平军开炮轰击，捻军在城中作内应，打开南北两门，遂攻占该城，杀参将范正伦等清军官兵近四千人，缴获火药两万余斤，铁炮无数。河南巡抚陆应谷弃轿逃窜，免于一死。这是北伐军第一次大胜仗。

北伐军打算从归德府城西北四十多里的刘家口渡黄河，取道山东进攻北京。到刘家口，敌人采防河战略，把渡船烧光，无船过渡。绕道到河南巩县，从洛

河偷渡黄河。过黄河后，经怀庆府休整，绕行山西进入直隶。刚刚受到朝廷封赏的清军都统胜保率兵紧追不舍，但太平军进军神速，胜保一路尾随，疲于奔命。太平军在路边竖起木牌，上写"胜保免送"。

北伐军进入太行山区，经晋、冀、豫交界的涉县、武安，出其不意直抵临洛关，再由临洛关北上，于9月直迫保定，就像一把尖刀直插清朝统治的心脏。咸丰皇帝吓得要逃往热河，诏谕各省巡抚将税收送到热河行宫。当咸丰召集王公大臣议事时，"皆涕泣丧胆，眼眶肿若樱桃"，京师官员"无不如鸟兽散"，官绅富户卷起金银细软逃出城的达三万多户。

咸丰急令惠亲王绵愉为奉命大将军，科尔沁郡王僧格林沁为参赞大臣，总统四将军督师会同钦差大臣胜保所部进行抗拒，调大军汇集到北京、保定一带。北伐军被阻，从深州乘虚而东，改从东面攻北京。北伐军乘虚东进，连下献县、交河、沧州、青县、静海，前锋直抵杨柳青，进逼天津。时值天津地区大水，到达北京东南的静海，淹没道路，无法行进。此时京、津清军防御已严密，加上冬季来临，太平军将士很不习惯北方的严寒，北伐陷入停顿。

1854年3月，北伐军粮尽，退到阜城，5月，再退守东光连镇，等候增兵。此时，天京援军到达山东，攻克临清州。李开芳带骑兵去迎接，到高唐州，知援军已溃败，乃入守高唐州，于是北伐军分为两地。北伐军本已兵力单薄，如今又被分隔包围，处境更危急。1855年3月，连镇被僧格林沁攻陷，林凤祥受伤被俘。高唐李开芳部太平军走冯官屯，僧格林沁仍筑墙包围，并引运河水倒灌，俘李开芳。

北伐军以孤军远征，苦战两年，驰驱六省，迫近北京，转战5000里，最终全军覆没。但北伐军艰苦卓绝的斗争，震撼了

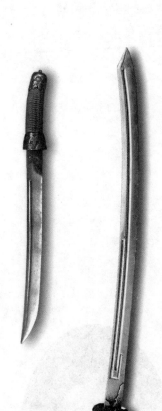

清朝统治的心脏，牵制大量清兵，客观上对太平军西征起到了支持作用。太平天国只派两万多人的北伐军孤军深入，与后方隔绝，粮饷无济，加之处于四战之地，只得采取避实击虚、忽东忽西的战略，最终难以逃脱丧亡的命运。

2.太平军的西征

在北伐的同时，太平天国为了巩固天京，控制长江中游，开始西征。太平天国孤军北伐遭到覆败，但西征却取得辉煌的胜利。

1853年5月中旬，洪秀全派春官正丞相胡以晃、夏官副丞相赖汉英等率战船千余艘，兵员两三万人，自天京溯江而上西征。西征军的进展比较顺利，先后攻下安庆、九江、武昌等地。

1853年秋，翼王石达开奉命出镇安庆，节制西征，将西征军分成两路，北路由胡以晃和曾天养率领，进军皖北。1854年1月攻克庐州（今合肥），相继收复周围

22个县，新任安徽巡抚江忠源兵败后投水自杀。西征军的南路由石实祯、韦志俊率领，挺进湖北。1853年10月攻克汉口、汉阳。1854年2月在黄州（今黄冈）大败清军，击毙湖广总督吴文镕，进而围攻武昌，分军进攻湖南，遭遇到劲敌曾国藩的湘军，而此时石达开已回京述职。

曾国藩（1811—1872年），字伯涵，号涤生，原名子城，派名传豫，清湘乡县荷叶塘（今双峰荷叶乡）人。1838年考中进士，入翰林院，先后任翰林院庶吉士、侍讲学士、文渊阁直阁事，后擢内阁学士兼礼部侍郎衔，后又担任过兵、吏部侍郎。曾两次上疏，为清廷出"教诲、甄别、保举、超擢"之策，为朝廷赏识。1852年，出任江西乡试正考官，忽报母丧，告假回家守孝。

其时，太平军从广西进军湖南，围长沙，克武昌，轻取沿江州县，江南大震，咸丰皇帝见八旗、绿营兵不是太平军的对手，便命令大江南北各省官僚地主举办团练。曾国藩奉命在湖南帮办团练，创建了湘军。曾以罗泽南的乡勇为基础，"别树一帜，改弦更张"，创办以"忠义之气为主"的湘勇，招募身强力壮的农民为士兵，组成一支地主阶级武装。利用封建宗法关系作为维系湘勇的链条，士兵由营官招募。每营士兵只服从营官一人，整个湘勇只服从曾国藩一人，形成严格的封建隶属关系，克服了绿营"将不知兵，兵不用命"的弊端。1854年，湘勇练成水陆两军1.7万余人，成为镇压太平军、维护清王朝统治的重要支柱。

1854年4月下旬，太平军与湘军在靖港、湘潭一带激战。在靖港，太平军用炮火猛烈轰击湘军水师，打得湘军船只在江中团团乱转，前进不得。陆路湘军在太平军的打击下，纷纷争上浮桥逃命。曾国藩树立令旗，下令"过旗者斩"，但兵败如山倒，人人争先恐后从旗旁绕过，向后狂奔。这一仗，湘军战船损失三分之一，炮械损失四分之一，差点全军覆没。曾国藩羞愤交加，投水自杀，部下把他救起，逃归长沙。

然而，这次胜利并没有把湘军武装彻底歼灭，太平军退守岳阳，从而给了曾国藩以喘息之机。曾国藩用了三个月的

时间, 重造战船, 再募士兵, 准备反扑湘潭。而湘潭太平军由一个在军事上无能的春官副丞相林绍璋统率, 三日三败, 全军覆没, 这是太平天国起义以来损失最惨重的一次战斗。1854年夏秋, 太平军在西征战场遭遇湘军的凶狠反扑, 节节败退, 失地千里, 湘军直犯到九江、湖口。

危急时刻, 石达开再度出任西征军主帅, 亲赴前线指挥。1855年初, 西征援军到达湖口后, 诱敌舢板战船陷入鄱阳湖, 将湘军水师分割为外江、内湖两支, 留在长江上都是长龙、快蟹等笨重的战船。石达开抓住战机, 乘夜派小艇数十只, 放火袭攻长江上的湘军大船, 取得重大的胜利。湘军败退九江。2月, 太平军又在九江再

次痛歼湘军水师，夺曾国藩座船。曾又投水自尽，被部下救起，逃往南昌。九江、湖口的胜利成为西征战局的转折点，西线军事步入全盛。

太平军在湖口大捷后，乘胜反击，再度攻占汉阳、武昌。同年秋天，石达开又挥师江西，四个月连下七府四十七县，由于他军纪严明，施政务实，爱护百姓，求贤若渴，江西人民争相拥戴。江西十三府中的七个府城，五十多个州县，都望风归附。队伍很快从一万多人扩充到十万

余众，清廷官员哀叹"民心全变，大势已去"。

1856年3月，石达开在江西樟树又大败湘军，至此，湘军统帅曾国藩所在的南昌城已经陷入太平军的四面合围，对外联络全被切断，可惜此时江南大营猛攻天京，石达开被调回天京参加解围战，给了曾国藩喘息之机。

太平军西征虽受到一些挫折，但总的看还是取得了胜利，使千里长江成为太平天国的一条生命线，粮食和其他物资源源运进天京，为太平军一举击溃清军江北、江南大营创造了有利条件。

3.天京破围

天京门口的清军江北、江南两个大营一直威胁着天京的安全，1856年2月，太平天国从西征战场上调回燕王秦日纲、冬官正丞相陈玉成等去解镇江之危境，横扫围城清军。随即又一鼓作气攻击围困瓜州的江北大营。江北大营清将托明阿、陈金缓等竞相逃命，残部无心恋战，江北大营被粉碎了。

1856年5月，石达开与秦日纲会师天京，参加天京解围战，杨秀清也派军队出城接应，大破清军江南大营，打垮清朝钦差大臣向荣驻扎在天京东门孝陵卫的江南大营，向荣溃逃丹阳，自缢而亡。这时，长江千里，上自武汉，下至镇江，包括江西、安徽大部分地区在内，都归太平天国版图。新克州县，人民争先归附。"东王佐政事，事事严整，立法安民"，"民心佩服"。太平天国革命达到了鼎盛时期。

三、太平天国的政治纲领和治国方案

　　太平天国运动本以推翻清政府的统治为重要目标，与历史上的农民革命本无差别。但鸦片战争之后，外国资本主义侵略势力入侵，太平天国革命在新的历史条件下，还要担负起反对外国资本主义侵略的新任务。因此，太平天国的政治纲领和治国方案前后颁布了《天朝田亩制度》和《资政新篇》。

（一）《天朝田亩制度》

1.《天朝田亩制度》简介

《天朝田亩制度》是太平天国定都天京后，于1853年颁布的一个以解决土地问题为中心的全面的农民革命斗争纲领和社会改革方案，包括社会组织、军事、文化教育诸方面的太平天国的纲领性文献。《天朝田亩制度》的基本内容，是根据"凡天下田，天下人同耕"的原则，规定"凡分田照人口，不论男妇，算其家口多寡，人多则分多，人寡则分寡"。《天朝田

亩制度》是太平天国颁布的以土地制度、圣库制度为核心的反封建的革命纲领。它是"天下一家，共享太平"的"天国"的具体化与纲领化。

《天朝田亩制度》是几千年来农民反封建思想的结晶，是农民阶级所能提出的最完整的反封建纲领。它宣布要废除封建土地所有制，建立平均主义的公有制社会。这幅美好的"天国"蓝图，毕竟是小农经济的产物，它的理想社会是以平均主义为指导思想，以个体生产为基础的，每个社会成员都平均地保有少量土地财产，但生产、生活资料却要归圣库，这就无法极大地调动农民的生产积极性，不可能使社会生产力向前发展。因此，它只是空想。再加上当时的战争环境，这个制度根本无法实施。

2.《天朝田亩制度》的主要内容

（1）平分土地

《天朝田亩制度》宣布"凡天下田，

天下人同耕,此处不足,则迁彼处,彼处不足,则迁此处",要求根据新的原则,重新平分土地,把土地按土质的好坏、产量的多少分为上中下三级九等,好坏搭配,"凡分田照人口,不论男妇,算其家口多寡,人多则分多,人寡则分寡",凡16岁以上的男女都可以分得一份等量的土地,16岁以下减半。这种平分土地的制度,是为了建立一种一切财产公有制,最终实现"天下共享天父上主皇上帝大福,有田同耕,有饭同食,有衣同穿,有钱同使,无处不均匀,无人不饱暖"的理想社会。

（2）圣库制度

圣库制度是从金田起义时就实行的。到建都天京后，根据"天下皆天父上主皇上帝一家，天下人人不受私，物物归上主"的原则，设立天朝圣库，总管全国公有财产，统筹军民生活。一切征收缴获的金银钱粮，以及私人财产，商贾资本，都归圣库，不得个人私有。上起天王，下至士兵，都不领俸饷，生活供给大体平均。天京人民也完全和官员士兵一样，全部生活，包括医药、儿童教育、养老院，全由圣库供给，这是太平天国进行的一次重大的社会改革。

（3）乡官制度

乡官制度是太平天国军政合一、兵农合一的地方基层政权制度。《天朝田亩制度》规定：县以下设各级乡官，负责管理地方民政和百姓的经济、文化生活。乡

官主要通过选举，由本地人充任。乡官的体制、称呼与军队完全相同，设军帅、师帅、旅帅、卒长、两司马、伍长。军帅统五个师帅，师帅统五个旅帅，旅帅统五个卒长，卒长统四个两司马。两司马管25家，卒长管100家，旅帅管500家，师帅管2500家，军帅管12500家。连军帅至两司马官员656家在内，一军共13156家。在军帅之上直接领导乡官的有总制和监军，"皆受命于朝，为守土官"。与乡官制度并行的又有乡兵制度："每军每家设一人为伍卒"，由乡官统领，有警卫兵，杀敌捕贼；无事为农，耕田生产。

《天朝田亩制度》规定：一军中以25家为基层单位，称作"两"，由两司马主持。每"两"设国库一所、礼拜堂一所（两司马住在里面）。每当收获季节，由两司马督率伍长进行分配，除留下25家每人所需可接新谷的口粮以外，其余收入皆归国库。副业产品如麦、豆、苎麻、布、帛以至鸡犬各物也是一样公平处理。婚娶、弥月、丧事，都照定额由国库供给，鳏、寡、孤、独、废疾也由国库供给养；每逢礼拜日，由伍长率领所属男女前往礼拜堂听"讲道理"（演说），儿童则每天都要到礼拜堂，由两司马教读《旧遗诏圣书》《新遗诏圣书》和《天命诏旨书》等太平天国文献。这个制度是中国近代人民民主政治思想的萌芽，也是中国历史上从未有过的创举，对巩固革命政权起了巨大

的作用。

此外,《天朝田亩制度》还对婚姻、宗教社会和官员的奖惩、黜陟以及人们的司法诉讼等都作了严格的规定。

3.《天朝田亩制度》的历史意义

《天朝田亩制度》的颁布是中国农民战争史上具有划时代意义的一件大事,在当时的历史条件下起了巨大的革命作用。《天朝田亩制度》重新平分土地,彻底废除封建土地所有制,并把历代农民战争中平均、平等思想发展到了前所未有的新水平,满足了当时农民渴望获得土地的要求,使两千多年来中国农民所渴望的大同世界的理想,在这里得到了最鲜明最强烈的反映,并鼓舞着千百万的群众为反封建而进行勇往无前的斗争。

但是,《天朝田亩制度》在当时的历史条件下,违背了社会发展规律,是一种空想的农业平均主义。《天朝田亩制度》

颁布后半年，由于天京缺粮到了形势紧迫的地步，无法解决，不得不采取"照旧交粮纳税"政策以求取得粮食来救急，因而暂时未能实行平分土地方案。不过，太平天国对凡被称"妖"的官僚和反抗革命的地主以及寺庙、祠堂等的田产，一概没收，分给农民耕种，在一定程度上实现了耕者有其田。

乡官制度在太平军占领地区确曾建立，尽管并未完全实行原来规定的各项职能。各级乡官在紧张的战争条件下，催征钱粮，供应军需，维持地方治安，配合太平军作战，发挥了极其重要的作用。以上这些举措，都沉重地打击了封建统治，使封建土地关系受到不同程度的破坏，并推动了农民战争的蓬勃发展。

此外，《天朝田亩制度》体现了对妇女权利的尊重，规定 "凡分田照人口，不论男妇"，"凡男妇每一人自十六岁以尚（上）受田"，这确立了妇女与男子在

经济上的同等地位；"凡礼拜日，伍长各率男妇至礼拜堂，分别男行女行，讲听道理"，还可以接受教育，参加科举考试，这确立了妇女与男子在教育上和社会上的同等地位；此外，废除封建婚姻，"凡天下婚姻不论财"，实行男女自主的婚姻。妇女还可以在女营和军中担任两司马到军帅，甚至女丞相、检点、指挥之职，在天京主管妇女制刺金彩冠服生产的行政人员中，也有相当于监军、总制、将军、指挥之职的女官。太平天国对妇女所做出的这种业绩，是近代中国人民革命的光荣史绩之一。

(二)《资政新篇》

1.《资政新篇》简介

《资政新篇》是1859年洪仁玕到天京担任军师时，上奏天王洪秀全陈述他向西方学习草拟的建国方案。天京变乱发生后，洪仁玕总理朝政。他决心通过改革挽救危局，从而创造一个"太平一统江山万万年"的"新天、新地、新人、新世界"。为此，1859年冬，他提出了一个改革内政和建设国家的新方案——《资政新篇》，经天王洪秀全批准后，作为官方的文书正式颁行，是太平天国后期的重要文献。《资政新篇》并不是太平天国第二个政治纲领，只是给太平天国农民政权提供发展资本主义的方案。

《资政新篇》的基本思想是使太平天国效法西方，从"用人"与"设法"两方面，进行政治、经济、文化等改革。全文除前言外有四部分："用人察失类"（选

官用人类）部分，主要讲"禁朋党之弊"，加强中央集权。"风风类"（人心风气）部分，主要讲通过教化破除愚昧、骄奢等旧的思想习俗，倡导学习西方科学技术。"法法类"（立法）部分，集中提出了28条政治经济改革的立法主张，为全文重点。"刑刑类"（刑律司法）部分，着重讲刑事立法司法。这四类互相联系，其中是有互相补充之处的。《资政新篇》的政治改革方案，法制思想占有突出的位置。

2. 洪仁玕（1822—1864年）

广东花县官禄布村人，洪秀全的族弟，任村塾教师。他是拜上帝会最早的信徒之一。金田起义的时候，他正在广东清远县教书，为躲避清政府的缉捕，他两度避居香港。在此期间，他结交西方传教士，学习西方文化科学，了解欧美国家政治经济情况，深受资本主义影响，成为具有资本主义思想倾向的先进人物。1859年到达天京。洪秀全封他为干王，晋位军师，总理政事，不久就向洪秀全提出"以资国政"的政纲《资政新篇》，得到洪秀全的赞赏。1861年，他兼理太平天国的外交事务。天京陷落的时候，他在安徽广德。幼天王洪天贵福从天京突围，到广德与他会合。洪仁玕准备重振革命事业，但不幸在江西被捕。他在狱中写了表彰太平天国的"自述"，痛斥外国侵略者对太平天国的干涉。11月，他在南昌从容就义。洪仁玕在绝命诗中写道："天国祚虽斩，光复待他年。"表达了他对革命的坚定信念。

3.《资政新篇》的主要内容

（1）政治方面

洪仁玕特别强调加强中央集权，反对分散主义。天京事变后，太平天国迫切需要加强集中和统一。因此，他提出要"禁朋党之弊"，务使"权归于一"。为达到这个目的，他主张赏罚分明、以法治国。同时，仿效西方进行了政治制度方面

的改革尝试。如提出了加强地方政权建设的建议；主张在各省设新闻官，听取社会舆论；在地方设投票箱，由公众选举官吏等。

(2) 经济方面

《资政新篇》强调治国立政应审时度势，英、美、法等国，"技艺精巧，国法宏深"，富足强盛，可为太平天国"取资"。主张学习西方，发展工商业，设立各种工商机构和工商团体；主张"兴车马之利""兴舟楫之利"以发展交通运输业、水利事业；开办工厂，制造"精奇利便"之器具；兴办矿业，开采金、银、铁、煤等矿；创办银行，由银行发行银行券，以及举办邮政、社会保险和社会福利事业等等。文中还提出，上述应兴之业，要由私人（"富民"）投资兴办，自行经营，取得利润（取息），"富民纳饷，禀明而立"；要实行专利权制，鼓励发明创造；要实行雇佣劳动，禁止使用奴婢，如此等

等。所提主张，实质是试图在中国发展资本主义经济。

（3）思想文化及社会风俗方面

《资政新篇》在坚持太平天国反对封建旧思想、旧文化、旧习惯、旧风俗的同时，提倡向西方学习。反对迷信，规定"禁庙宇寺观"，"革阴阳八煞之谬"，"焚去一切惑民之说"；严禁买卖人口，规定"禁溺子女"和"禁卖子为奴"等封建恶例；严禁吸食鸦片，规定"禁酒及一切生熟黄烟鸦片"，对鸦片"走私者杀无赦"；提倡兴办新式学校、医院和慈善机构；提倡"文以纪实"、"言贵从心"的学风文风。

（4）外交方面

洪仁玕主张实行独立、平等、互相贸易的外交政策，提出了"柔远人之法"和"与番人并雄之法"。基本内容是：反对闭关自守，严禁鸦片贸易，与欧美国家建立正常通商关系。准许外国人与中国

通商，不准其"擅入旱地"，准许传教士及有技术的外国人到中国内地传教，教授技艺，为中国献策。同时，又指出必须独立自主，外国人来华只准他们"为国献策，不得毁谤国法"，即不准外国干涉中国内政。

4.《资政新篇》的历史意义

《资政新篇》是中国近代第一个谋求发展资本主义经济的纲领性文献，其核心是仿效西方资本主义国家从政治、经济、文化各方面对中国进行"革故鼎新"的改革。在政治上，要把中国建立成一个带有法制与民主色彩的国家；在经济上，要通过建立、发展资本主义性质的近代企业以求富强。《资政新篇》集中反映了当时先进的中国人向西方寻找真理和探索救国救民道路的迫切愿望。但因太平天国内部缺乏必要的主客观条件，《资政新篇》的进步主张，没有也不可能付诸实现。

四、天国悲剧——天京事变

（一）天京事变

1.经过

1856年6月，太平军解天京之围后，东王杨秀清见当时太平天国形势大好，权力欲望恶性膨胀，另有图谋，欲夺取洪秀全的宝座。

洪秀全和杨秀清的矛盾，要追溯到杨秀清在平在山假托天父下凡取得凌驾于洪秀全之上的权力的时候。杨秀清首次假托天父下凡"传言"是在1848年，他宣称"天父"上帝下凡附在自己身上，通过自己"传言"，安定会众，聚拢人心。不久，萧朝贵也自称"天兄"（耶稣基督）附在自己身上显灵，宣传"真道"，发布号令。杨秀清、萧朝贵的假托天父、天兄降托，是一种叫做"隆童"的巫术。当时兰州民间，常有巫觋专干这项营生。这种巫术，说是神灵附在巫觋的身上，作为神与人的媒介。这种人会预言，能治病和解答

难题，乃是交感巫术的一种。从此，上帝教渗有巫术在内，并且成为重要组成部分。这种做法在当时团结了会众，巩固了队伍，也极大地提高了杨、萧的地位，但留下了日后杨秀清与洪秀全矛盾冲突的隐患。

金田起义后，太平天国建国采取军师负责制，拥戴洪秀全即天王位，为国家元首，临朝不理政，封杨秀清为正军师，总理国务，实权由杨秀清执掌。杨秀清对太平天国运动的发展有突出的贡献。在初期，杨秀清借"天父"诏旨，宣布洪秀全"出一言是天命"，即要太平军将士无条件听从洪秀全的话，洪秀全的话是代表天说的。但定都天京以后，杨秀清居功自傲，威信上升，常目无天王。1853年12月，为了天王府有四个女子在雨雪中挖塘之事，杨秀清假借天父下凡，要杖责洪秀全。《贼情汇纂》载："秀全僻处深宫，从不出户，人罕识其面。他自知智慧不及杨

秀清，一切军务皆委之，任其裁决。秀清自恃功高，朝见立而不跪，每诈称天父下凡附体，令秀全跪其前，甚至数其罪而杖责之，造言既毕，其为君臣如初。"

1856年8月中旬，东王称"天父下凡"，召天王洪秀全到东王府。"天父上身"的东王对天王说："你与东王皆为我子，东王有咁大功劳，何止称九千岁？"洪秀全说："东王打江山，亦当是万岁。""天父"又问："东世子岂止千岁？"

洪说："东王既称万岁，世子亦当是万岁，且世代皆万岁。""天父"大喜说："我回天矣。"这就等于要洪秀全让位，洪秀全岂肯拱手让位。他当面欣然同意杨秀清的要求，并说在杨秀清生日（阴历八月二十五日）那天正式举行封典。

正在这时，佐天侯陈承瑢向天王告密，谓东王有弑君篡位之企图，天王密诏北王韦昌辉、翼王石达开及燕王铲除东王。9月1日，北王韦昌辉率三千精兵赶回天京，当夜在城外与燕王秦日纲会合，陈承瑢开城门接应。众军在2日凌晨突袭东王府，杀死尚在睡觉的杨秀清，东王府内数千男女被杀尽。由于东王长时间位高权重，部属亲随众多。北王为不留后患，以搜捕"东党"为名，竟残忍地发动了一场骇人听闻的大屠杀。众多东王部属在弃械后被杀，平民也不能幸免，随后血洗南京城，约两万人被屠杀。

9月中旬，翼王石达开回到天京，责

备北王滥杀之事。北王对翼王又起杀心，翼王连夜逃出城，北王将城内石达开的家属全部杀死。翼王从安庆起兵讨伐北王，求天王杀北王以谢天下。天王袒护北王，北王也积极备战。但翼王平息内乱是正义行为，代表了绝大多数太平军将士的愿望，在天京以外的太平军大多支持翼王。北王越来越孤立，天王见人心不可违，终于答应下诏诛北王。北王不甘束手就擒，又率队围攻天王府，但最终败于效忠天王的将士及东王余众，北王及党羽、亲属二百人被处死，燕王秦日纲及陈承瑢不久亦被处死，石达开于11月底回天京主持政务，历时两个多月的天京事变告一段落。

后来，天王撤销了杨秀清的图谋篡位罪名，将杨之死忌定为"东王升天节"。

2.影响

天京事变是太平天国兴亡的转捩

点。太平天国所宣传的天父、天兄，已无人再相信，当时太平军中的歌谣说"天父杀天兄，江山打不通，回转故乡做长工"，当时的文人也说"天父杀天兄，江山打不通。长毛非正主，依旧让咸丰"。太平军因信仰危机，人心涣散，纪律松弛，将士离心倾向严重。而由于杨秀清两万多精兵强将死于内讧，造成天国人才枯竭，战争形势由主动变为被动，西线湘军攻陷了武昌、汉阳，进犯九江。东线江南大营从丹阳一路反扑，再围天京。太平天国被迫从战略进攻转为战略防御。从此以后，太平天国就从兴隆昌盛转向衰败，以致灭亡。

（二）洪秀全重建太平天国领导核心

天京变乱后，太平天国出现了"朝中无人，国中无将"的危险局面。这时，洪秀全果断地提拔了一批朝气蓬勃的青年将领。1857年10月，封蒙得恩为正掌率，封陈玉成为又正掌率，李秀成为副掌率。次年，又命陈玉成、李秀成、李世贤、韦志俊、蒙得恩分别为前后左右中军主将。他们临危受命，积极防御，给内外反动势力以沉重打击，稳定了天京的局势，使太平天国革命事业一度出现了转机。1859年，洪仁玕从香港辗转来到天京，被封为干王，总理全国政事。同年陈玉成被封为英王，李秀成被封为忠王，二人是太平天国后期重要的将领，太平天国后期的三人领导核心形成了。

陈玉成（1837—1862年），原名丕成，广西藤县人，出身于贫苦农民家庭。少孤，14岁跟着叔父陈承瑢参加金田起义。1854年，他随西征军攻破武昌，因功升殿右三十检点。他治军严整，骁勇富谋略，善筑垒围攻，第二年，他随军再取武昌，被升为冬官正丞相。1856年，镇江被困，陈玉成随燕王秦日纲支援，因内外音讯不通，即带壮士数人乘船舍死冲入镇江，与守将约定内外夹攻，遂大败清军，解镇江围，并与各友军共破江北、江南大营。1857年，他率军在相城大败清军，同捻军会师，兵力扩大，被封为成天豫，任

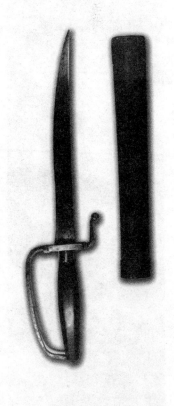

前军主将，和李秀成等同主军政，力挽危局。1858年9月，他率军攻破浦口江北大营，11月在三河以迂回包抄战术断敌退路，歼灭了湘军精锐部队李续宾部，稳定了长江上游战局。

1859年，他被封为英王，东征苏州、常州，在江北连续打败清军胜保、张国梁，攻克扬州和浦口。1860年，他救援天京，配合各路太平军打破江南大营。第二年，他率军西征至贵州（今黄冈），因为李秀成军误期，未能合取武昌，遂回师径援安庆，多次苦战失利。安庆失陷以后，陈玉成退守庐州，受严责革职。1862年5月，清军进攻庐州，陈玉成转移到寿州（今安徽寿县），为叛徒苗沛霖诱捕，解送清营。胜保劝他投降，陈玉成坚贞不屈，凛然斥责说："尔本吾败将，何向吾作态"，"大丈夫死则死耳，何饶舌也"！6月4日，陈玉成在河南延津慷慨就义，年仅26岁。

李秀成（1823—1864年），广西藤县人，出身于贫苦农民家庭。1851年，他参加太平军。1853年，定都天京以后，杨秀清保举他为右四军帅，不久又被升任为后四监军。1856年，与清军大战于高资、汤头，解镇江之围，大破清军江北、江南大营，被委为地官副丞相。1857年10月，他被封为合天侯，"任副掌率之权，提兵符之令"，与陈玉成同掌兵符，提调军务。他曾请求洪秀全"仍重用于翼王，不用于安、福王"，遭到严斥并革除封爵。1858年，与陈玉成等共商解京围之策，并大破清军江北大营。第二年，被封为忠王。

1860年夏，与干王洪仁玕共订"围魏救赵"之策，并亲率大军奔袭杭州，诱敌分兵，然后五路合击，再破江南大营，又乘胜先后攻占常州、苏州、嘉兴、松江等地。不久，李秀成率领一支太平军攻到上海近邻。1861年1月，他再次率军进攻上海。由于天京告急，6月撤兵回救，久战无

功而退；又北进江北，半途而返，损折精锐大半，军势大挫。1863年，受任真忠军师，主持天京战守。湘军围城日急，他力主"让城别走"，洪秀全固执不从，遂致坐困。

1864年，天京陷落，李秀成保护幼主突出重围后被俘。他写有长篇供词，阿谀颂扬曾国藩，乞怜偷生。在供状里，他还记述了太平天国的兴衰，并向曾国藩提出"招降十要"和"防鬼反为先"的建议。但在写完供状的当天，曾国藩就把他杀死了。

（三）石达开远征

天京事变后，石达开奉诏回京辅政，他不计私怨，追击屠杀时只惩首恶，不咎部属，人心迅速安定下来，被军民尊为"义王"。当时军事形势是严峻的，武昌、汉阳陷落，曾被捣毁的江北、江南大营又由和春与德兴阿重建。但在石达开的部署下，太平军稳守要隘，伺机反攻，陈玉成、李秀成、杨辅清、石镇吉等后起之秀开始走上一线，独当一面，内讧造成的被动局面逐渐得到扭转。

但是，见石达开深得人心，天王心生疑忌，他吸取了杨秀清专权的教训，"专信同姓之重"，封大哥洪仁发为安王、二哥洪仁达为福王，让这两个无德无才之人掌握朝廷实权，明为辅助，实为监督石达开。洪仁发、洪仁达

对石达开百般牵制，以致有阴谋陷害之意。

为了避免再次爆发内讧，1857年5月下旬，石达开借到雨花台太平军驻地"讲道三天"的机会，离开了天京，前往安庆集结部队开始远征。此后，石达开虽仍保持太平天国翼王称号和通军主将身份，洪秀全方面也继续在官书、文件中列其职衔，多次劝其回京，但石达开坚持己见，不愿回头。石达开率部转战江西、浙江、福建、湖南，虽欲建立根据地，终因内外矛盾以失败告终，却牵制了大量清军，为太平军取得浦口大捷、二破江北大营、三河大捷等胜利创造了有利条件。

1859年秋入广西，因流离辗转，处处受挫，在广西竟萌生隐居山林之念，大部分将士纷纷离他而去。1861年9月，自桂南北上，决定进入四川这个天府之国，雄据一方。自此先后四进四川，终于在1863年4月兵不血刃渡过金沙江进入四川。5月，太平军到达大渡河边紫打地（今石棉县安顺场），因降大雨，河水暴涨，被大渡河急流挡住去路，又受到清军和当地土司兵包围，几番突围失败，陷入绝境。

为求建立"生擒石达开"的奇功，四川总督骆秉章遣使劝降，石达开决心舍命以全三军，经双方谈判，由太平军自行遣散四千人，这些人大多得以逃生。剩余两千人保留武器，随石达开进入清营，石达开被押往成都后凌迟处死，清军背信弃义，两千将士全部战死。

五、太平天国后期的防御战

(一) 再破江北大营

石达开出走后, 太平天国当时在军事上面临的形势是十分严酷的。在天京附近, 1857年, 江南大营重建起来, 江北大营也进行活动。继1857年底镇江、瓜洲失守之后, 1858年夏, 九江失守, 天京形势越来越危急。洪秀全不得不提拔陈玉成、李秀成等一批青年将领, 担任军事指挥工作。同年8月, 陈玉成、李秀成等将领召开安徽枞阳大会,"各誓一心,订约会战",制定了正确的作战方针,为再破江北大营以解京围奠定了基础。

1858年8月11日,陈玉成领太平军再克庐州,接着与李秀成部会师乌衣,众达数万,与江北大营清军相持。当时,江北大营统帅德兴阿拥有兵勇一万五千余人,择要分布,以浦口、江浦之间的陡冈、安定桥、小店(今永宁镇)一带为重点,分驻于西至江浦石碛桥(今桥林)、

高旺,东至瓜洲、三汊河,北至来安、施官集的广大地区内,绵延二百余里;长江内则有水师巡船往来游弋,以资接应。然而,清军的这种分散部署,正好给了太平军以各个击破的极好机会。

9月底,太平军大败清军进攻乌衣的部队,歼敌三四千人。继而乘胜向小店发起猛攻,击败由江南大营来援的总兵冯子材部五千人。陈玉成部于是冲破清军军营,直下浦口,在从九洑洲渡水前来的太平军配合下,再次大败敌军,并将浦口一带的清军营垒全部烧毁。清军见后路被袭,阵势大乱,纷纷夺路而逃。德兴阿逃往扬州。陈玉成部随即于29日占领江浦。至此,江北大营再次被摧毁,清军前后损兵万余人。清廷将德兴阿革职,并决定撤去江北大营建制,江北军务由江南大营统帅和春统一节制。太平军攻破江北大营之后,恢复了天京与江北的联系,保障了对天京的供应。

（二）三河镇大捷

正在太平军破江北大营之时，湘军主力李续宾部自九江攻入安徽，连陷太湖、潜山、舒城、桐城，安庆外围据点都被湘军占领。1858年10月，湘军又猛攻三河镇。

三河镇在庐州西南50里，既是庐州西南的重要屏障，又是太平军的粮草军火基地。陈玉成在江苏六合接到湘军大举东犯安徽的报告，毅然决定回兵救援，并向洪秀全报告，要求调派李秀成部前往会战。太平军各路大军十多万人很快齐汇三河，切断湘军的退路。

11月14日，陈玉成首先发动攻击，次日湘军反攻，冲过三河附近的金牛镇。陈玉成抓住敌人冒险出击的有利时机，以少部兵力正面迎敌，吸引敌人，另以主力从湘军左侧抄其后路。陈玉成趁天有大雾，率军从敌人后面杀出，驻扎于白石山的李秀成部，闻金牛镇炮声不绝，立即赶往参战；驻守三河镇的吴定规也率部出镇合击湘军。太平军把湘军团团围往，李续宾部几乎全军覆没，李续宾和曾国藩弟弟曾国华被击毙。曾国藩在闻讯后"哀恸填膺，减食数日"，胡林翼也说"三河败溃之后，元气尽伤，四年纠合之精锐，覆于一旦，而且敢战之才，明达足智之士，亦凋丧殆尽"。太平军乘胜追击，收复太湖、潜山、舒城、桐城。

三河镇大捷，太平军一举歼灭湘军精锐近六千人，粉碎了湘军东犯的企图，保卫了皖中根据地，对鼓舞士气，稳定江北战局，保证天京安全和物资供应，都具有重大的战略意义。

（三）再破江南大营

三河镇大捷之后，太平天国既出现了新的希望，也存在不少困难，特别是天京仍处于江南大营清军的包围之下，总的形势依然相当严酷。江南大营于1858年初重建后，统帅和春设大营于沧波、高桥两门之间。不久，强征数万民夫，于天京城外挖掘深阔各约丈余的长壕，绵亘百余里，经年始成。1860年1月底，李秀成离浦口后，江南大营清军水陆并进，攻陷了浦口沿江一带太平军垒卡二十余座，并于2月1日占领江浦和九洑洲，进一步围困天京。

此前，1859年4月，洪仁玕来到天京，洪秀全即封其为干王，总理朝政。陈玉成、李秀成也先后被封为王。为了摧垮江南大营，解除清军对天京的威胁，洪仁玕提出"围魏救赵"之计，即太平军攻击湖州、杭州，江南大营必派兵去救，那时再乘机迅速击之。

1860年3月，李秀成部直取杭州，一举入城，浙江巡抚罗遵殿自杀。咸丰帝深恐失掉浙江这个财赋之区，严令和春

增调劲旅赴浙（后又命和春兼办浙江军
务）。和春只得遵旨加拨援兵，急调一万
多人，统归张玉良率领去援救杭州，江南
大营空虚。李秀成见清军已到杭州，便留
下旗帜作为疑兵，将主力悄悄撤走，迅速
由浙西进入皖南，在安徽建平（今郎溪）
各军将领会合。

　　4月底，各路太平军抵达天京外围，
众达十余万人，在扫清清军外围据点后，
随即准备总攻江南大营。总攻部署是：李
世贤部自北门洪山、燕子矶，李秀成部自

尧化门，刘官芳、陈坤书部自高桥门，杨辅清部自雨花台，陈玉成部自善桥方向，五路并进。天京城内的太平军则由城内出击，配合援军夹攻清军。5月2日，太平军向江南大营发起总攻，城内太平军也乘机杀出。5日，陈玉成首先突破天京西南的清军长壕，毁敌营五十余座。太平军内外会师，重围已解，士气更高，便连夜乘胜猛攻。清军军营四处火起，江南大营总部所在地小水关大营也被攻破，和春等率残部经石埠桥乘船逃往镇江。于是，重建后围困天京两年多的清军江南大营又被摧毁。再破江南大营，是太平天国战争史上最为"得意之笔"。

（四）太平军东征苏南与进攻上海

天京既解围，太平天国又制定了先东进、后西上的战略。陈玉成、李秀成大军于1860年5月15日从天京出发东征，19日攻克丹阳，歼灭江南大营残部约万人。之后，陈玉成奉命渡江夺取扬州，东征战事由李秀成部进行。

李秀成率太平军先后攻克常州、无

锡、苏州和江阴，太平军即向上海进军。英国公使卜鲁斯、法国公使布尔布隆，于5月26日悍然宣布保护上海，阻止太平军的前进。建都天京之时，英、法、美三国公使就曾先后到天京访问，要挟太平天国承认他们与清政府订立的不平等条约，并以如不承认就要动干戈相威胁。太平天国坚决拒绝，并向他们庄严宣布对外政策："万国皆通商"，"害人之物为禁"，"通商者务要凛遵天令"。太平天国对于擅自闯进境内的外国兵舰，立即开炮射击，对于走私贸易的商船加以制裁，坚决维护国家主权。

此时，英、美等国为了阻止太平军攻占上海，由清朝苏松太道吴熙出面，委派华尔招募外国籍人组成"洋枪队"，驻松江，抵抗太平军的进攻。8月，李秀成在青浦一战大破洋枪队，"杀死鬼兵六七百人",华尔身中五枪,狼狈逃回上海。后因嘉兴方面战事告急,太平军撤退。在反侵略战争中,外国资本主义侵略者受到了太平天国军队的重大打击。李秀成自述原稿说:"那时洋鬼并不敢与我见仗,战其即败。"李鸿章报告清政府说:"嘉城复失,逆焰大张,西兵为贼众所慑,从此不敢出击贼。"

(五) 安庆保卫战

太平军在取得二破江南大营之战的胜利后,安徽战场的形势不但没有得到改观,反而越来越严重。1860年8月,曾国藩被任命为两江总督,并任钦差大臣,督办江南军务,节制大江南北水陆各军,他率湘军乘太平军二破江南大营和东征苏常之机,大举东进围困安庆。

安庆是天京西部屏障,又是太平军粮饷的重要基地。太平天国守得住安庆,

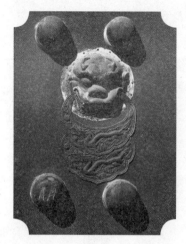

在军事上可以阻挡湘军东下进攻天京，在政治上可以保卫基层政权最巩固的安徽地区，在经济上可以保卫江南、江北产粮区的生产，使天京得到源源不断的物资供应。1860年9月下旬，鉴于安庆已为湘军所困的局面，太平天国领导人决定再次采用"围魏救赵"之计，于是在东征告一段落之后，西上的战斗任务提上了日程。西上的目标是上取湖北，在战略上是力争上游，取得胜利，以粉碎湘军对安庆的围攻。

1860年冬，陈玉成统北路军，从皖北进蕲州、黄州，以李秀成统南路军，从皖南进江西，约定来年4月会师武昌，合取湖北。北路军在1861年3月进抵距武汉160里的黄州，省城防备空虚，身在安徽太湖的湖北巡抚胡林翼惊慌失措，说自己"笨人下棋，死不顾家"。北路军因英国出面阻挠和南路军未能按时赶到，便率主力折回安庆。南路军也于1861年4月底进入湖北，克复了大冶、鄂城、通城、通山、兴郭、咸宁、嘉鱼、蒲圻等州县。然而李秀成对攻鄂本来不甚积极，便于7月上旬率部撤出湖北，折入赣西北地区，然后去经营江浙。这样，太平军又一次失去了夺取武汉的机会，两路合取湖北的计划至此全部落空，以致不能牵动安庆围军。安庆守军因长期被困，粮弹将绝，只好搜食猪、狗、树叶、树皮，许多战士活活饿死。1861年9月5日，湘军轰塌安庆北门而入，守将叶芸来、吴定彩率军与敌肉搏，全部壮烈牺牲，安庆失陷。安庆保卫战是太平天国战争史上最惨烈的一次战役。安庆失守，太平天国革命形势急转直下。

北路军于安庆失陷后，陈玉成受到革职处分，坐守庐州，1862年5月放弃庐州北走寿州，被地主团练头子苗沛霖诱捕送往清军胜保大营，6月4日在河南延津遇害，年仅26岁。长江以北，失去了这一支大军的支持，太平军在皖北的防务瓦解，太

平天国只能依靠李秀成等新开辟的苏浙根据地支撑危局, 保卫天京便困难了。

(六) 太平军的反侵略战争

李秀成的南路军于1861年9月从武汉东退, 率大军又进入浙江, 12月底攻克杭州, 次年1月初, 太平军再次进军上海。而此前, 1861年8月, 华尔在松江改组洋枪队, 任用欧美人当军官, 招骗中国人充当兵士, 组成中外混合军。11月中旬, 洋枪队发展到两千多人。当太平军进军上海的时候, 洋枪队配合英法在上海的正规

军、清军进行抵抗, 太平军损失严重, 向
上海进军受挫。清政府赐给华尔官衔,
称洋枪队为"常胜军"。中外反动军队保
住上海以后, 开始进攻嘉定、青浦、南桥
等地的太平军。5月6日, 英、法、俄侵略军
及华尔洋枪队攻击青浦。12日晨, 青浦城
被攻破, 守城的太平军全部惨遭杀害。同
时, 外国干涉军还侵占了太平军驻守的嘉
定、奉贤等地, 并大肆抢掠屠杀。

李秀成得知前线失利大怒, 发出布
告警告侵略者, 要他们"各宜自爱, 两不

相扰"，"倘不遵我王化而转助逆为恶，相与我师抗敌，则是飞蛾扑火，自取灭亡"。他率领万余精骑，从苏州火速增援太仓，5月中旬，经过两天激战，敌军全线崩溃，摧毁清军三十余座营盘。与此相呼应，太平军又在奉贤南桥战役中击毙了法国干涉军司令卜罗德，太平军乘胜追击，再次攻克嘉定、清浦、南翔等要地，并活捉常胜军副统领法尔斯德，大长了中国人民的志气，灭了侵略者的威风。

正当李秀成在苏浙取得了一些胜利之时，湘军对天京的围困也愈来愈紧。1862年6月，李秀成遵命撤围回天京，在上海的清军和侵略军得到喘息之后，立即进行反扑。太平军留守部队在谭绍光的领导下，击退了敌人的进攻，并一度迫近上海近郊。8月，在浙江慈溪战斗中，太平军打死了恶贯满盈的"常胜军"头子华尔。

接任"常胜军"统领的是美国人白

齐文。1863年3月，改由英国军官戈登为统领。戈登穷凶极恶，他与李鸿章淮军联合，对太平军发动反扑，从1863年5月起，陆续攻陷太仓、昆山、吴江，继而进犯苏州。由于中外反革命势力的联合进攻和李秀成率主力回援天京，致使苏浙战场转入防御，根据地日渐缩小。1863年12月因内部投敌叛变，苏州失陷。第二年3月，太平军从杭州突围北撤。这年上半年，浙江战场已经瓦解，太平军除一部分坚守湖州，大部分退入江西境内。太平军将士与外国侵略者的浴血搏斗，揭开了近代中国人民反帝反封建斗争的辉煌篇章。

六、太平天国的失败

1861年11月，清政府任命曾国藩节制苏、皖、浙、赣四省军队。安庆保卫战失败后，曾国藩吸取江南大营两次被击溃的教训，提出了"欲拔本根，先剪枝叶"的方略，从东西两个方向对天京实施多路向心进击。湘军主力曾国荃部的陆军，彭玉麟部的水师，顺江东下，先后占领东西梁山、和州、巢县，于1862年5月底逼近天京。陆军驻扎雨花台，水师停泊护城河。

而李鸿章则率淮军6500人分批船运上海，勾结英、法侵略军与"常胜军"阻挡太平军进攻上海，并作西攻苏州、无锡、常州的准备。浙江巡抚左宗棠率军万余由江西入浙，步步东逼。天京已处于湘、淮军的战略包围之中。

此时，陈玉成已于安徽寿州（今寿县）被苗沛霖诱执后殉难。因湘军威胁天京，洪秀全一日三下诏，急令在上海前线督战的李秀成回师救援，并派专使至苏州坐催，面责李秀成有独立称王之意。本

来，洪秀全深深担心李秀成权力过大，难于驾驭，就在1862年一年内，先后分封李秀成部下陈坤书、童容海、谭绍光等十余人为王。这种做法虽然达到了分割李秀成指挥权的目的，但此例一开，封王之滥一发而不可收拾，到1864年竟封王两千多个。

6月，李秀成在苏州召集紧急军事会议，商讨回救天京之策。其时湘军攻势正盛，李秀成提出避敌锐气，待其久围不下、斗志减弱之时再行决战的方针，抽调一部分军队，调运大量军火粮食支援天京，增强天京防御能力。同时，李秀成建议将苏福省粮食军火运回天京，广为积贮，用固守以制敌策，使敌顿兵坚城，待两年后，师老力疲，形见势绌，然后一举把它消灭。7月，太平军在皖南宁国（今宣州）、广德一带作战失利，干王洪仁玕、辅王杨辅清即率两万官兵撤至江宁、淳化，回援天京。洪秀全见天京情况日紧，令李秀成立即全师回救。

8月，李秀成再次在苏州召开高级军事会议，议定兵分三路，回援天京。除留谭绍光守苏州外，"十三王"约二十万大军自苏州等地陆续起程，辅王杨辅清进攻皖南宁国，陈坤书等进攻长江南岸重镇金柱关。这两路的主要任务是阻击曾国荃的援兵。李秀成亲率主力于东坝集结，部署于东至方山、西至板桥地域，连营数百，对湘军雨花台大营形成反包围态势。

由于苏、浙太平军西调回天京作战，清军在外国侵略者的帮助下，乘机在东线向太平天国发动疯狂的进攻。在江苏方面，由英国军官戈登带领的常胜军协助李鸿章淮军以上海为基地，向苏州进攻。在浙江方面，以英国组织的常安军、定胜军，法国组织的常捷军协助左宗棠湘军向浙江进攻。这样，太平天国就陷于两面作战的泥坑之中。淮军已攻陷太仓州、昆

山，进逼苏州。8月，左宗棠部湘军攻陷浙江富阳，进逼杭州。10月，苏州失陷。这时，天京已不可能再守。

10月13日，李秀成进攻天京城外雨花台湘军大营。李秀成将队伍分成两部，并亲率大军轮番猛攻湘军曾国荃大营及驻扎在大胜关一带的曾贞干部，太平军或挖地道，用炸药爆破敌垒；或捆草填壕，奋勇冲锋，企图一鼓而下。湘军则采取以逸待劳、缩营自保之策，凭借深沟高墙，固守不出，待太平军迫近，才发枪炮射击。两军对垒，战斗进入相持状态。23日，李世贤率军三万，从浙江衢州赶至天京南郊，协同李秀成大军并力攻击湘军大营。湘军则收缩战线，调曾贞干部四千人来大营加强防御。

11月3日，太平军集中力量攻湘军东路，轰塌湘军大营两处营墙。湘军拼命抵抗，太平军往返冲杀五六次，终不得入。太平军又用地道向敌进攻，湘军以挖对挖，每挖通一处地道，或熏以毒烟，或灌以秽水，或以木桩堵洞口，使太平军的地道连连失效。湘军负隅顽抗，因其有长江水师的支持，粮饷、军械、援兵源源不断，而太平军不但军粮不足，而且时至初冬，尚无寒衣，长期坚持大兵团攻坚战有实际困难。11月26日，李秀成、李世贤围攻雨花台曾国荃军营月余不下，只得下令撤围。李世贤率部退秣陵关，李秀成率部入天京。至此，十三王回援天京的作战彻底失败。

天京解围战失败后，李秀成被"严责革爵"。洪秀全见解围未果，又定下"进北攻南"计划，决定再次采用1860年破江南大营的策略，责令李秀成率军北渡长江，绕过安庆，西袭湖北，以调动湘军分兵回援，缓解京围。1862年12月，第一批太平军数万人从天京下关渡江，进军皖北。1863年2月底，李秀成率第二批部队渡江，并于3月占浦口，4月占江浦。由

于当时沿途各地已被敌人破坏得一片荒
凉，粮食供应困难，加上处处受到阻截，
队伍遭到严重损失。而曾国藩已识破太
平军企图，令曾国荃坚守大营，不为所
动，继续围困南京。

因天京形势紧急，洪秀全不得不再
急令李秀成速回天京。6月20日，李秀成
率部由九洑洲南渡抵京。"进北攻南"战
略失败，李秀成损兵折将，锐气大伤，失
去太平军将士数万人。从此以后，太平军
就无力再组织大规模的进攻，不得不转
入凭借城防工事的消极防御，而湘军则

由原来的坚守顽抗转为疯狂进攻，相继进占南京周围的上方门、高桥门、双桥门、七桥瓮、江东桥等据点，以及外围的东坝、秣陵、湖熟、淳化等要地，天京城南百里之内已无太平军踪迹。

到1863 年11 月，清军已攻陷天京外围和长江以北所有城镇、要塞，外援断绝，天京肯定守不住了。李秀成向洪秀全提出"京城不能守，曾帅兵困甚严，壕深垒固，内少粮草，外救不来，让城别走"的建议。又说："不如舍天京，尽弃苏浙两省地, 御驾亲征, 直趋北方, 据齐、豫、秦、晋上游之势以控东南。其地为妖兵水师所不能至, 洋鬼势力所不能及, 然后中原可图, 天下可定也。"然而, 洪秀全不愿战略退却, 李秀成无奈, 只好抱定与天京共存亡的决心, 部署死守。

1864年2月, 湘军攻占了紫金山西峰天堡城, 随后进至太平、神策门外, 完成对天京的合围。清军架设大炮百余尊, 对天京城内日夜轰击, 又以炮火为掩护, 在朝阳、神策、金川各门外开挖地道十余处, 准备用火药炸城。

1864年6月，洪秀全在愁病交迫中升天，幼主洪天贵福继位，此时天京城内只有三万人，除居民外，太平军不过万人，能守城战斗者不过三四千人。7月3日，湘军攻占位于太平门东侧紫金山西麓龙脖子的地堡城，太平军失去护城的最后一道屏障。湘军居高临下，整日炮轰，并加紧挖掘地道，埋炸药破城。19日，湘军炸塌城墙，蜂拥而入。守城的太平军与湘军展开寸土必争的巷战，或战死，或自焚，天京最终失守。

天京的陷落，标志着太平天国革命的失败。

太平天国坚持战斗十四年，势力发展到十八个省，攻克六百多个城镇，其规模之宏伟，历时之长久，影响之深远，是历史上任何一次农民战争所无可比拟的。太平天国发动了亿万群众，组织了强大的军队，建立了政权，颁行了革命纲领和政策，并且第一个提出在中国发展资本主义的方案，成为几千年来中国农民战争的最高峰。太平天国运动以暴风骤雨之势，极其沉重地打击了清政府的封建统治，对于外国侵略者也进行了英勇的抗击，同时担负起了反封建和反帝的重任，成为中国近代旧民主主义革命的第一次高潮。但由于农民阶级没有科学理论作指导，太平天国没能推翻清朝的统治，最后被中外反动派联合绞杀了。它的失败给人留下了深刻的教训，它的光辉业绩，激励着中国人民不屈不挠、再接再厉地进行英勇的斗争。